BEI GRIN MACHT SICH IHR WISSEN BEZAHLT

- Wir veröffentlichen Ihre Hausarbeit, Bachelor- und Masterarbeit

- Ihr eigenes eBook und Buch - weltweit in allen wichtigen Shops

- Verdienen Sie an jedem Verkauf

Jetzt bei www.GRIN.com hochladen und kostenlos publizieren

Felix Dahn

Deutsche Klassiker

Band 43

Das Weib im altgermanischen Recht und Leben

GRIN Verlag

Bibliografische Information der Deutschen Nationalbibliothek:

Die Deutsche Bibliothek verzeichnet diese Publikation in der Deutschen National-
bibliografie; detaillierte bibliografische Daten sind im Internet über http://dnb.d-
nb.de/ abrufbar.

Impressum:

Copyright © 2008 GRIN Verlag GmbH
Druck und Bindung: Books on Demand GmbH, Norderstedt Germany
ISBN: 978-3-640-23877-4

Dieses Buch bei GRIN:

http://www.grin.com/de/e-book/120176/das-weib-im-altgermanischen-recht-und-
leben

Das Weib im altgermanischen Recht und Leben

Von Dr. Felix Dahn, Professor der Rechte an der Universität Königsberg.

[erstmalig erschienen 1881]

Die Frage nach der Stellung des Weibes in Recht und Leben der Germanen ist nicht nur eine Einzelfrage neben anderen im Gebiet der germanischen Urgeschichte – sie hat darüber hinaus präjudizielle Bedeutung.

Denn die Stellung des Weibes ist ein Maßstab für Nationalcharakter und Kulturgrad: je gemeiner, je dumpfer der Nationalcharakter, desto härter bleibt das Los des Weibes sogar auf ziemlich hoher Kulturstufe – so bei Türken und anderen Orientalen; andererseits legt aber die Noth des Lebens, die Niedrigkeit der Kultur, der noch sehr harte Kampf ums Dasein auch bei edel angelegten Völkern dem Weibe Lasten auf, welche der sonstigen idealen Würdigung des Weibes zu widersprechen scheinen, aber eben unerläßliche Folgen niederer Kultur sind, und erst bei höheren Stufen derselben, namentlich bei vermehrtem Nationalwohlstand, abgenommen werden können den zarten Schultern.

Weniger der Nationalcharakter, viel lebhafter der Kulturgrad der Germanen vor ihrer Berührung mit den Römern ist noch immer bestritten. Zumal französische Schriftsteller lieben es, die Germanen bei ihrem Eintritt in die Geschichte etwa auf die Stufe der Rothhäute in den Urwäldern Amerika's zu stellen. Eine große Thorheit: und wüßten wir auch von Verfassung, Recht und Götterglaube unserer Ahnen zu jener Zeit gar nichts – schon ihre herrliche Sprache allein würde jene geringe Schätzung ihrer Anlagen und ihrer Entwicklungsstufe widerlegen. Allen Respekt vor Dr. Martin Luthers Bibelübersetzung; aber man wird von seinem Vorgänger Wulfila, der zwölf Jahrhunderte früher die heilige Schrift in das Gothische übertrug, sagen müssen, daß seine Aufgabe nicht nur unvergleichlich schwieriger war, sondern daß sie mindestens ebenso geistvoll und vielleicht poesiereicher gelöst wurde.

Andererseits hat man aber auch die Sittenzustände der Germanen überschätzt, zumal in dem man der einseitigen Idealisierung kritiklos Glauben schenkte, welche Tacitus gegenüber seinen überkultivierten

Römern, zwar mit der edelsten Tendenz, aber eben doch mit Tendenz an den germanischen Verhältnissen vornahm.

Ganz ähnlich wie im vorigen Jahrhundert französische und englische Schriftsteller gegenüber den Lastern und der Lüge zu Paris und London den „tugendhaften Huronen," den „edeln Wilden ohne Falsch" und in bester Absicht, aber mit sehr wenig Völkerpsychologie schilderten – ganz ähnlich wollte Tacitus seinen Römern das Bild eines rohen, aber sittenreinen sogenannten „Naturvolks" entgegenhalten, als er seine Germania schrieb.

Da nun aber gerade die Verhältnisse der Geschlechter in und außer der Ehe in Rom ganz besondere Symptome der beginnenden Fäulniß aufwiesen, hatte Tacitus das Bedürfnis, gerade diese Dinge bei den Germanen in das hellste Licht zu stellen. Die unleugbar vorhandenen, in dem Nationalcharakter begründeten Vorzüge in der Stellung der germanischen Frau verleiteten ihn nun aber, jene Schattenseiten nicht oder doch nicht genügend hervorzuheben, welche durch den niederen Kulturgrad und die Noth des Lebens bedingt waren.

Wir werden die Wahrheit zwischen beiden Extremen finden: der Kulturgrad war ein niedriger, der Nationalcharakter und demgemäß die Würdigung der Frau edel; was in der Stellung der Frau jener idealen Werthschätzung nicht entspricht, erklärt sich aus den noch rohen einfachen Anfängen der Kultur; anders gewendet: die Stellung der Frau ist vermöge des Nationalcharakters eine viel günstigere als bei andern Völkern gleicher, ja oft viel höherer Kulturstufe, und das Ungünstige in der Stellung der Frau, was ihrer hohen Würdigung in dem Nationalcharakter nicht entspricht, ist Folge des niedrigen Kulturgrades und des zum Theil noch harten Kampfes ums Dasein.

Betrachten wir zunächst die Stellung des altgermanischen Weibes im Recht, so müssen Einrichtungen, welche heute als Zurücksetzungen erscheinen, im Zusammenhang mit den

Zuständen jener Zeit ganz anders aufgefaßt werden: dahin zählt die Geschlechtsmuntschaft (Vor-Mundschaft) und die Ausschließung oder Beschränkung der Frauen im Erbgang des Grundeigenthums.

Jene nothwendige Muntschaft, unter der die Weiber wenigstens nach dem Recht der Langobarden und anderer Stämme standen, war die Folge ihrer Waffenunfähigkeit nicht nur im Fehdegang, auch im gerichtlichen Zweikampf: eine Zurücksetzung des Geschlechts als solchen lag durchaus nicht darin: galt doch gleiche Muntschaft auch für Männer, die z. B. wegen Jugend nicht waffenfähig waren. Diese von dem nächsten Schwertmag, (d. h. dem nächsten durch Männer mit dem Weib verwandten Mann), über Frauen, die in rechter Ehe standen, von dem Gatten geübte Muntschaft (von munt, manus, Hand: mit dem Munde hat die Muntschaft nichts zu thun: hierin besteht kein Bedürfniß der Unterstützung für das Geschlecht, das hierin schwerlich das schwächere) war keineswegs nur ein einseitiges Recht, sie legte vielmehr auch sehr schwere Pflichten auf: Schutz und Vertretung vor Gericht, Unterhalt und Anderes.

Auch in dem geringeren Wergeld (Buße für Tödtung) der Frau liegt nicht eine Zurücksetzung: nur der Ausdruck der unleugbaren Thatsache, daß in jenen Tagen der gewaffneten Selbsthilfe die Spindel wirklich weniger werth war für die Sippe (Familie) als der Speer: daher haben auch Männer, welche nicht waffenfähig, ein geringeres Wergeld als waffenfähige: daher hat das Weib während der Zeit der Gebärfähigkeit ein höheres Wergeld als vor und nach dieser Zeit. Ist dies noch die Auffassung einer roheren Zeit, so drückt sich bei anderen Völkerschaften eine sehr ideale Denkart darin aus, daß das Weib, unerachtet seines geringeren Brauchwerths für die Sippe, sogar ein höheres Wergeld als der Mann erhält: der fehlende Selbstschutz soll durch die erhöhte Abschreckung (d. h. Buße) ersetzt werden.

Aber auch die Beschränkung der Frauen in der Erbnahme von Grundstücken war durchaus nicht als Zurücksetzung gedacht:

vielmehr folgte sie aus dem Bedürfnis, den Grundbesitz, auf welchem nicht nur der Wohlstand, auch die Rechtsstellung in Gemeinde und Staat beruhte, dem Mannstamm der Sippe zu erhalten: übrigens ist sehr zweifelhaft, wie alt und wie weit verbreitet solche Beschränkung war; jedenfalls trat sie erst sein, nachdem seit mehreren Generationen der Uebergang zu seßhaftem Ackerbau vollzogen war: ferner war das Vorrecht des Mannstammes auf das bei der ursprünglichen Ansiedelung von Staat oder Gemeinde dem Sippe-Haupt zugetheilte Gut, das „Erbgut" beschränkt: anderweitig erworbene Grundstücke vererbten auch auf die Frauen; endlich waren nach manchen Rechten die „Spindeln" nicht völlig ausgeschlossen durch die „Speere", sondern nur durch die Männer der gleichen Gradnähe der Verwandtschaft, so daß z. B. die Schwester hinter dem Bruder des Erblassers zwar zurückstand, aber dessen Vetter oder Neffen vorging. Daß Zurücksetzung der Frau als solcher ganz fern lag, erhellt daraus, daß bei manchen Völkern das Recht, bei anderen wenigstens die Sitte auch die nachgeborenen Söhnen ausschloß, nur den Erstgeborenen in das Erbgut folgen ließ. Nur die Männer vermochten ja auch den Grundbesitz mit den Waffen zu vertreten: und die Frauen hatten selbst ein Interesse daran, das Erbgut in der Sippe erhalten zu sehen, da die verheiratheten ihr ehelicher, die unverheiratheten der Geschlechts-Muntwalt aus den Früchten des Guts zu ernähren verpflichtet war. Seitdem die Pflichten der Sippe, zumal der Waffenschutz, von geringerer Bedeutung wurden, ist auch die Geschlechtsmuntschaft und die Zurückstellung im Erbgang des Grundeigens abgeschwächt, zuletzt völlig aufgehoben worden. Nur im Recht des Adels und zum Theil des Bauernstandes, deren Gedeihen noch immer auf der Erhaltung unzersplitterten Grundeigenthums beruht, hat sich der Vorzug des Mannstamms bis auf heut erhalten.

Betrachten wir nun, abgesehen von jenen Beschränkungen, das Recht des Weibes im Allgemeinen, zumal in der Ehe.

Bei der „einfachen Ehe" blieb das Mädchen (oder die Witwe, die wieder heirathete, was aber bei manchen Völkern verboten war) in der Muntschaft ihres bisherigen Muntwalts: also z. B. ihres Vaters, Bruders, Vaterbruders (die Witwe in der ihres eignen Schwertmagen, also z. B. ihres waffenfähigen Sohnes, oder nach anderen Rechten, des nächsten Schwertmagen ihres verstorbenen Mannes: also z. B. ihres Stiefsohnes): bei der „rechten Ehe" trat sie in die eheliche Muntschaft ihres Mannes: bei dieser rechten Ehe mußte also der Mann dem bisherigen Muntwalt seine Muntschaft ablösen, was in der Zeit vor Einführung des (römischen) Geldes durch Hingabe einer vertragsmäßig beredeten Zahl von Rossen oder Herdenthieren, von Waffen, Schmuck, anderer Fahrhabe geschah. Ein „Kauf" liegt hier gar nicht vor, sondern ein Tausch: ein Recht ist die eine Leistung, Sachen bilden die andere: erst später, seit Einführung des Geldes, wird die Muntschaft als Waare zum Geld erworben, also gekauft. Dieser Kauf der Muntschaft gab Anlaß zu der abscheulichen und unmöglichen, aber immer wieder vorgebrachten Behauptung, die Eheschließung der Germanen sei ein „Kauf des *Weibes*" gewesen: ein freies Weib kann man aber nach germanischem Recht – was in vorgeschichtlicher Zeit nach vorgermanischem Recht galt, geht uns hier nichts an – so wenig kaufen, als einen freien Mann. Die fraglichen Ausdrücke der Quellen sind eben kurz gedrungen und übertragen: so wenig ein Grundstück eine Person wird, weil der Reallast das Recht sagt: „das Gut schuldet," so wenig wird der Leib eines freien Weibes Waare, weil das Recht statt der Muntschaft über das Weib das Weib selbst als gekauft nennt. Zum wenigsten darf man sich für jene Meinung auf die „Weibermärkte" berufen, die in Schottland und England bis in unser Jahrhundert hinein bestanden: man wird doch nicht glauben, daß man 1830 ein schottisches Mädchen kaufen konnte, wie eine schottische Kuh; gerade diese von der Verlobung und Erwerbung der Zustimmung des Vaters oder Vormunds gemeinten Ausdrücke zeigen, wie gleiche Wendungen auch der alten Rechtssprache zu deuten sind. Das Muntgeld ward selbstverständlich als Preis der Muntschaft von dem bisherigen Muntwalt erworben; erst später, nachdem diese in ihrer

Bedeutung sehr abgeschwächt war, zum Theil, endlich (unter Einfluß auch des römischen Rechts als `donatio propter nuptias`) ganz der Braut überlassen. – Das Recht zog bei der einfachen Ehe alle Folgerungen aus dem Satz, daß die Muntschaft nicht abgelöst war: es blieb daher die Frau unter der Muntschaft ihres bisherigen Muntwalts, trat nicht in die eheliche ihres Gatten: und die in solcher Ehe geborenen Kinder kamen nicht in die Muntschaft ihres Vaters, sondern des Muntwalts ihrer Mutter: also z. B. ihres mütterlichen Großvaters oder des Bruders ihrer Mutter.

Eine Zurücksetzung der Frau in der Ehe kann nach heidnischer Auffassung nicht darin erblickt werden, daß der Begriff des Adulteriums genau derselbe ist wie im römischen Recht und im Recht aller Völker vor der christlichen Anschauung: erst diese hat dem Weibe das Recht auf eheliche Treue des Mannes gegeben; vorher wird die Ehe nur gebrochen durch Untreue des *Eheweibes* oder, von Seite eines Mannes, nur durch Bruch *fremder* Ehe. Obwohl nun regelmäßig die germanische Ehe monogamisch war und die Untreue der Frau fast gar nie vorkam (wenn sie aber vorkam, war sie mit den alleräußersten Strafen bedroht), durften doch Könige und Edle mehrere Frauen gleichzeitig haben, so z. B. Ariovist, was wegen der Wichtigkeit mächtiger Verschwägerungen nicht selten vorkam. Auch dulden wenigstens die nordischen Rechte Konkubinen nicht nur an Staat der Ehefrau, sondern auch neben der Frau.

Der Eheschließung ging vorher ein Verlöbniß, das öffentlich, vor geladenen Zeugen, auch wohl in der Volksversammlung geschah und dem Bräutigam das Recht gab, von dem Muntwalt die Ueberführung der Braut (mit oder ohne Muntschaft) in sein Haus zum Zweck der Eheschließung zu verlangen in vertragsmäßiger, eventuell gesetzmäßiger First. Das Verlöbniß begründete ein voll gefestigt Recht des Bräutigams auch auf die Treue der Braut; dagegen war das Verlöbniß nicht an sich schon, wie man geistvoll, doch unrichtig ausgeführt hat, Eheschließung: diese geschah allerdings ohne weiteren Rechtsakt durch den Vollzug, aber nach der das Leben beherrschenden Sitte begleiteten *sacrale* (heilige) Formen und weltliche Gebräuche die Ueberführung der Braut in das Haus des Gatten, für Oeffentlichkeit der Verwandlung des Verlöbnisses in Ehe hinlänglich Sorge tragend: jene Hochzeitsgebräuche sind zum Theil gemein-*arisch* (indo-europäisch). (Der Brautlauf, das Brautstehlen, d. h. ursprünglich ein Scheinkampf um die Braut, der Brautschleier, das Treten in den Schuh des Mannes.) Im ehelichen Güterrecht ist das ursprünglich häufigere System das der Güterverbindung, wonach das Eigentum der beiden Gatten durch die Eheschließung unberührt bleibt, nur die Verwaltung und der Fruchtmitgenuß des fraulichen Vermögens auf den Mann übergeht: später kam, zumal in den Städten im Stande der Kaufleute und Handwerker „von der offenen Tasche", das System der Gütergemeinschaft oder Gütereinheit häufig vor, wonach das Vermögen beider Gatten, ursprünglich nur die Errungenschaft in der Ehe, später auf das Eingebrachte, früher nur die Fahrhabe, später auch die Liegenschaften, also zuletzt manchmal alles Vermögen in Miteigenthum der beiden Gatten je zur Hälfte trat, auch hier unter Verwaltungsrecht mit Fruchtgenuß des Mannes an der *Quote* (dem Antheil) der Frau. Der Hauptgrund war gewesen, einerseits den Kredit des Geschäftsmannes um den Betrag des Frauenguts zu erhöhen, andererseits dieses den Gläubigern unentziehbar haftbar zu machen. Doch begegnet im westgothischen, nordischen und fränkisch-rheinischen Recht schon früh wenigsten die Errungenschafts- und Fahrniß-Gemeinschaft. Schließlich mag noch erwähnt werden, daß das deutsche Recht, da die Frauen im Erbgang in Liegenschaften, jahrhundertelang der größte Theil des Vermögens, zurückgesetzt und letztwillige Vefügungen, durch welche der reiche Mann für die dürftige Frau nach seinem Tode hätte sorgen können, unbekannt später verboten waren, zahlreiche Institute ausgebildet hat, welche sämmtlich die Witwenversorgung bezweckten. –

Wir betrachten nunmehr die Stellung der *altgermanischen* Frau im *Leben*.

Die Entscheidung, ob es ihr gut oder schlecht ging, war wesentlich, wie bei allen Völkern und zu allen Zeiten, bedingt durch den Stand, genauer gesagt, durch Reichthum oder Armuth ihrer Sippe und ihres Gatten.

Dem Weibe, den Töchtern des armen Gemeinfreien, welcher, ohne über unfreie Knechte und Mägde zu verfügen, auf schmaler Scholle lebte, ging es hart. Wir dürfen eine gewisse Rohheit der Männer hierbei nicht verschweigen, welche freilich auch – aber doch nur zum Theil – in dem noch harten wirtschaftlichen Kampf ums Dasein begründet war: so eifrig und freudig diese Helden zum Kampf, so lässig und träg waren sie zur Arbeit. Sie wälzten die riesigen Glieder am Heerdfeuer, unendliches „Ael" (Bier) vertilgend, oder besuchten den Nachbar zu gleichem Zweck oder die Volksversammlung – aber die Arbeit, nicht nur im Hause, auch im Stall und zumal auf dem Ackerfeld, blieb, in Ermangelung von Unfreien, welche nur die Reicheren kaufen und erhalten konnten, den Frauen und Kindern überlassen. Ganz anders dagegen die Stellung und Lebensweise nicht nur der Königin, auch der Edelfrau, selbst der Gattin des reichen Gemeinfreien: sie nehmen neben dem Gemahl den Ehrensitz in der Halle ein: freilich selbst die Königin geht mit dem Trinkhorn umher, den meist geehrten Gästen zuzutrinken. Auch führt sie selbst Spule und Webschiff: aber doch mehr um die Töchter und die Mägde anzuweisen und zu unterrichten, (auch um die Arbeit zu adeln: wiewohl zu solchem Zwecke der König auch einmal die erste Ackerfurche mit dem Pfluge zieht), als zum Zwecke wirthschaftlicher Erwerbsarbeit, welche vielmehr unter solchen Vermögensverhältnissen ausschließend von dem unfreien und etwa auch dem freigelassenen Gesinde getragen ward. Die Hausfrau fürt am Gürtel die Schlüssel als Symbole ihrer „Schlüsselgewalt," d. h. ihres Rechts den Haushalt zu leiten, das ihr nicht willkürlich entzogen werden kann und in dessen ordnungsmäßiger Uebung sie den Mann durch von ihr eingegangene Verbindlichkeiten zum Schuldner macht.

Nur sehr mangelhaft sind wir über die *Gewandung* unserer Ahnfrauen vor und während der Völkerwanderung unterrichtet. Mit Ausnahme von Tacitus hat fast kein römischer oder griechischer Schriftsteller diesen Gegenstand geflissentliche oder auch nur gelegentlich berührt. Antike Bildwerke, Statuen und Reliefs an Siegessäulen und Triumphbogen stellen zwar manchmal kämpfende oder gefangene Barbaren dar, aber seltener Frauen, und in den meisten Fällen ist überhaupt nicht mit Bestimmtheit gerade die germanische Nationalität dieser Gestalten festzustellen; es sind eben nördliche Barbaren insgemein: Kelten, Geten, Daker, Thraker, Sarmaten, darunter – unscheidbar gemischt – Germanen.

Die Gräber aber und die Scheiterhaufen haben die Stoffe aller Art von Gewandung verzehrt. Die sehr selten in den erhaltenden Torfmoor-Schichten unversehrt bewahrten Gewebe sind meist unbestimmbaren, manchmal sicher vorgermanischen Alters, auch zu geringen Umfanges, um, neben dem Stoff und der Bereitungsart, noch Anderes, zumal Schnitt und Form des Gewandstückes, erkennen zu lassen.

Wenn wir, solche Lücken der Ueberlieferung auszufüllen, nordgermanische Quellen heranziehen, dürfen wir nicht vergessen, einmal, daß das scandinavische Klima Anforderungen an die Kleidung machte, welche bei den Süd- und Westgermanen nicht hervortraten; ganz besonders aber, daß jene Quellen tausend und mehr Jahre jünger sind, als etwa Tacitus, daher einem viel höheren Grade der Cultur angehören. So mannigfaltig, so reich, so compliciert und verfeinert, wie die Tracht der Norwegerin im elften und zwölften Jahrhundert, dürfen wir uns keineswegs die Gewandung ihrer Ahnfrau oder des südgermanischen Weibes, zur Zeit des Tacitus oder selbst der Völkerwanderung vorstellen.

Tacitus nun berichtet (98, 99 n. Chr., Germania, c. 17): „die Tracht der Frauen ist keine andere, als die der Männer, nur das die Weiber häufiger sich in Linnenkleider hüllen und diese mit Purpur bunt färben; auch lassen sie nicht (wie die Männer) einen Theil des Obergewandes in Aermel auslaufen, sondern gehen mit unbekleideten Armen und Oberarmen (von der Schulter bis zum Ellbogen); aber auch der obere Theil der Brust ist sichtbar."

Gerade hieran knüpft Tacitus das Lob der Keuschheit der germanischen Frauen; in der Reinheit seines Sinnes und seiner Sitten findet das unverdorbene Naturvolk in jener Nacktheit keinerlei Anstoß und keinerlei Gefahr.

Da nun also die Tracht der Frau im Wesentlichen der des Mannes gleich ist, eine Erscheinung, welche sich sehr häufig bei Völkern einfacher Cultur findet (– im Nordland traten erst spät stärkere Unterschiede ein, als man den Männern die ursprünglich gleich langen Gewänder kürzte –) so müssen wir des Tacitus Bericht über die männliche Bekleidung erörtern: Er sagt (c. 17): „Alle tragen als Hauptgewandstück das ‚sagum‘ – das ist ein langer Mantel aus dichtem, starkem Wolltuch – das mit einer Spange oder in deren Ermangelung mit einem Dorn zusammen gehalten wird." (Auf der linken Schulter, dürfen wir beifügen.) Solche Spangen (fibulae) aus Bronze, Silber, manchmal auch aus Gold gefertigt, sind in sehr großer Zahl gefunden worden; es ist etruskisches, keltisches oder römisches Fabrikat. „Im Uebrigen unverhüllt," fährt Tacitus fort, „verbringen sie ganze Tage neben dem Herd und dem Feuer." Die Reichsten zeichnen sich durch die Kleidung aus - nicht flatternde, wie Sarmaten und Parther, sondern eng anliegende, welche die Glieder deutlich erkennen läßt. Auch Pelze wilder Thiere tragen sie: die Völker zunächst dem Rhein ohne strengere Wahl; die entlegeneren mit sorgfältigerer Auswahl; diesen trägt ja nicht, wie den Rom Näheren, der Handel sonstige Stoffe höherer Culturländer zu. Sie wählen unter den wilden Thieren diejenigen aus, deren Felle sie verwenden, und besetzen dieselben hie und da mit Büscheln und Pelzstücken anderer Unthiere, welche der ferne Ocean (die Nord- und Ostsee) und ein uns unbekanntes Meer erzeugt.

Diese Pelztracht ist so charakteristisch für die Germanen und wird so zäh von ihnen festgehalten, daß sie nicht nur in den rauhen Waldländern rechts vom Rhein, bis nach Scandinavien nördlich und bis in die Steppen Rußlands östlich, Jahrhunderte lang herrschend bleibt, sondern daß sogar in dem warmen Italien und Südfrankreich die Gothen noch im fünften und sechsten Jahrhundert wiederholt die „Bepelzten" genannt und in ihrer „Wildschur" geschildert werden, in welcher sie Ende des vierten Jahrhunderts das rechte Donau-Ufer betraten und bis in das heiße Griechenland und Kleinasien wanderten. Gewöhnlich verwendete man zu der Wildschur Schaf- und Ziegenfelle; werthvoller waren Katzen- und zumal Marder- und Zobelpelze, welche nur von den Reichen an Festen gezeigt wurden. Die Männer trugen Bären- und Wolfpelze.

Für die Tracht jener Zeiten und Völker ist mit dem Angegebenen fast Alles erschöpft, was wir wissen; nur vom Schmuck ist manches Stück in den getreuesten Schmuckstädtchen, den Gräbern, für uns aufbewahrt worden. Dahin zählen, außer den in sehr großer Zahl erhaltenen „*Fibulae*", die *Ringe* in mannigfaltiger Verwendung und verschieden in Stoff, Form und Arbeit. Die engsten, an den Fingern getragenen Ringen hießen „Finger-Ring", „Finger-Gold". Andere, breitere umschlossen das Handgelenk oder, unseren modernen Armbändern entsprechend, den Unterarm, während die breitesten, die „Armringe", „Armbogen" (baugar), um den Oberarm getragen wurden, übrigens auch von Männern. Häufig finden sich statt der plattenähnlichen, breiten, aber flachen Bogen, drahtähnliche, schmale, aber dicke Spirale, welche manchmal den ganzen Oberarm bedeckten und, abgehackt und zugewegen, zugleich als Tauschmittel dienten (vor dem Eindringen keltischen und römischen Metall-Münzgepräges). Auch den Hals umgaben oft Ringe, zuweilen mehrere, wohl auch durch senkrechte Stäbchen verbunden, so daß ein dem Wehrkragen des Mittelalters vergleichbares Gefüge entstand. Viel häufiger aber als Halsringe waren *Halsketten*, oft auch in mehrfachen Schnüren, an deren Stoff und Form man die Fortschritte der Cultur in den verschiedenen

Jahrhunderten und bei den verschiedenen Völkern verfolgen kann. Die ältesten, rohesten, der Vormetallzeit angehörigen Ketten bestehen aus bunten Kieseln, Muscheln, Fischgräten, Zähnen von Haien oder von bunten Steinen jeder Art, aus Knöchelchen, Stücken von Horn oder Geweih, Bernstein, Halbedelsteinen, Perlen, aus gebranntem und bunt gefärbtem Thon, Krystall und Glas; dann aus Beeren, Körnern, Kugeln, Ellipsen, Platten, Ringen, Scheiben, Gewinden von Bronze, Eisen, Silber, Gold. Bei den einfacheren Ketten besteht die Anordnung häufig darin, daß das größte, das Prachtstück, etwa auch allein von besserem Stoff, z. B. von Bernstein, in der Mitte auf der Brust ruht, während von diesem Mittelstück hinweg nach beiden Seiten hin die Kugeln oder Beeren sich mehr oder weniger verkleinern. Unter den Silber- und Goldketten ragen einzelne durch außerordentliche künstlerische Schönheit des Stils und Geschmacks und durch wunderbar vollendete Technik hervor; es sind etruskische Arbeiten. Erst in neuerer Zeit hat man die Bestimmung großer, flacher, oft in erhabener oder vertiefter Arbeit getriebener Metallscheiben erkannt, die häufig in ihrem Mittelpunkt einen Halbedelstein zeigen; es sind *Zierplatten*, welche Männer und Weiber auf den Schultern, auf der Brust und auf dem Gürtel trugen. Solche Scheiben von großem Durchmesser dienten auch als Schmuck der Rosse auf der Stirn oder Brust, sowie der Vorderseite der Wagen. Fügen wir noch hinzu, daß auch *Stirnbänder*, ähnlich gefertigt, wie die Halsketten, getragen wurden, so ergibt sich eine nicht geringen Mannigfaltigkeit weiblichen Schmuckes.

Um aber von der Gewandung ein anschauliches Bild zu zeichnen, müssen wir die nordischen Quellen heranziehen.

Die Hauptbestandtheile der Frauentracht sind das ärmellose, zunächst dem Leibe getragene *Hemd*, das auch im Schlafe nicht abgelegt wurde; die `skyrta` (daraus mit abweichender Bedeutung „Schurz", „Schürze") und der darüber geworfene *Mantel*, `Kyrtja`, unser „Kittel"; dazu treten dann die Kopfbedeckung, ferner der

Schleier, ein oder zwei Gürtel, manchmal Hosen, Strümpfe, Schuhe, Handschuhe, Tasche. Alle diese Stücke haben wir nun einzeln zu betrachten.

Was die *Stoffe* betrifft, so ward das grobe, dichte Wolltuch, aus welchem der Mantel (`sagum`) gefertigt wurde, von den Frauen in jedem Gehöft bereitet, entsprechend der einfachen Natural-Wirthschaft, die sich auf Handel nicht verlassen konnte, vielmehr die unentbehrlichen Güter selbst erzeugen mußte. Im Norden hieß dieses Wolltuch ‚`Wad-mal`‘; es diente vor Einführung der Metallmünzen, ähnlich den Armringen, als Tauschmittel und Werthmesser und erhielt sich in dieser Bedeutung auf Island bis in unser Jahrhundert, wenigstens als Rechnungswährung. ‚`Wad`‘, deutsch nur als „Watte“ erhalten, bedeutet Gewand; daher z. B. Heergewäte (nicht: Heergeräthe), die Schutz- und Trutzwaffen des Mannes.

Eine Art „*Lod*“, ganz unser „Loden“, war besonders dicht und stark, so daß eine Mütze daraus wohl eine Sturmhaube ersetzen mochte. Dreimal höher as Wad war, auf Island wenigstens, *Linnen* gewerthet, da ja Flachs größtentheils im Nordland eingeführt werden mußte. Die Germanen kennen Flachsbau und Linnenbereitung seit unvordenklicher Zeit. Frauen webten das Linnen, wie sie es als Trachtstoff bevorzugten: so heilig und ehrwürdig und so echteste Hausfrauenarbeit, ist dieses Werk, daß aller Hausfrauen Vorbild, die Hausfrau Odhin's selbst, Frigga, die Lehrerein und Schützerin des Spinnens und Webens ist.

Sie führt die *Spindel,* wie ihr Gemahl den Speer, und wie der Speer den Mann, so bedeutet die Spindel – sogar in der Rechtssprache – das Weib. (Speerseite, Spindelseite, Schwertmagen, Spindelmagen: „`la couronne de France ne tome en quenouille`“). Daher ist heute noch die Hollefrau, die Frau Holle in Thüringen, die Berchtfrau, die Frau Beratha, d. h. die Glänzende, im Volksglauben die Schirmerin der Spinnarbeit, die

Lohnerin der fleißigen, die Straferin der faulen Spinnerin; denn Frau Holle, Frau Beratha, ist keine Geringere, als Frigga selbst.

Aus weißem Linnen bestand auch der *Brautschleier.* Ergetzlich ist zu lesen, wie die Göttinen das Haupt des ungefügen Donnergottes Thor in einen solchen Schleier hüllten, da er als Braut, an Freya's Statt dem getäuschten Riesen zugeführt ward. So hoch war die Linnentracht gewerthet, daß ein Meermännlein auf die Frage, was ihm vom Menschenleben am besten gefallen habe, antwortete: „Wasser für die Augen, Fleisch für die Zähne, Linnen für die Glieder." Minder geschätzt ward *Hanfleinen* - Ende des dreizehnten Jahrhunderts wie fünf zu zwölf. *Baumwolle* gelangte erst durch die Araber nach Europa. *Seide* war von den Chinesen schon den Römern zugegangen, aber der kostbare Stoff kam wohl höchst selten zu den Germanen über den Rhein.

An Farben des Kleides werden, außer Schwarz und Grau, Grün und Weiß für geringere Gewänder erwähnt, Roth, Rothbraun für feinere Tracht; Roth aber ist Hoftracht. Blau kleideten sich gern die Männer; einen dunkelblauen, glänzenden Rock trägt nach dem Edda-Liede, welches die verschiedenen Stände nach Lebenssitte und Erscheinung schildert (Rigsmâl), auch die Mutter des Edlen, des Jarls (des Kleinfürsten).

Die Skyrta, bei den Frauen auch serkr genannt, war ein Untergewand von Leinwand; im Hause ging man wohl auch lediglich mit diesem Hemde bekleidet. Die Ehebrecherin ward entkleidet bis auf den serkr, der auch nach hinten abgeschnitten ward, so daß sie, von dem Gemahl aus dem Hause gejagt, nur eine Art Schürze zur Bedeckung behielt. In der Nacht ward der serkr anbehalten oder mit einem besonderen Nachthemde vertauscht. Der obere Bund des serkr wurde mit bunter Färbung, mit Stickerei, wohl auch mit Gold und Gestein geschmückt. Der Ausschnitt, durch welchen man das Haupt steckte, durfte bei Männern nicht so weit, wie bei den Frauen sein; sonst galt das für ein „Weiberhemd", und die Ehefrau konnte Scheidung verlangen von einem solchen „Weib-Mann“, wie umgekehrt der Mann von einem „Mann-Weib“, d. h. einer Frau, welche Hosen nach Männerzuschnitt anlegte. Denn im Norden wenigstens trugen auch die Frauen *Hosen.* Dieses Kleidungsstück war aus zwei Bestandtheilen zusammen gesetzt. Von den Hüften bis zum Knie reichte „die *Bruch*“, vom Knie zu den Knöcheln „die *Hose*“ im engeren Sinne, auch „Beinhose“ genannt, unseren Strümpfen entsprechend. Doch trug man auch Bruch und Hose aus Einem Stück, dem oft noch Socken angefügt waren, welche den Fuß von der Ferse bis zu den Zehennägeln umschlossen. Ein Unter-Gürtel hielt um die Hüften die Bruch zusammen, die aber nur bei Männern hinten durch eine Naht geschlossen war. Wie alle Unterkleider, war die Bruch von Leinewand; nur bei sehr harter Kälte, auf See und von den Männern im Krieg wurden Loden-Bruche getragen. Häufiger als die Bruch war die Hose von Tuch oder auch von Geiß-, Rinds- oder kostspielige, schwarzen Bock-Leder; als Farben der Hose liebte man Roth, auch Braun oder Blau; geringere waren linnen-weiße oder tuch-schwarze. Die unteren Enden der Hose liefen, später wenigstens, in zwei oder vier Zipfel aus, die um den Knöchel geschlungen und festgeknüpft wurden.

Barfuß gingen nur Unfreie und ganz Arme. Der *Schuh* war aus Leder, nach dem Fuße geschnitten und ward durch lange Riemen nicht nur über den Rist gebunden, sondern diese Lederstreifen wurden auch, Gamaschen vergleichbar, in mehrfachen Windungen um die nackte Wade und das Schienbein oder über die Hose geschlungen und unterhalb der Kniekehle festgebunden. Diese *Schuhriemen* waren vermöge der mehrfachen Umschnürung so lang, daß man sehr wohl, wie an einem Strick, einen Menschen daran aufhängen konnte. Bei Reicheren waren sie mit Franzen und Troddeln geziert und bunt (roth) gefärbt oder glänzend weiß. Auch der Schuh selbst war manchmal, wie Moorfunde zeigen, mit eingelegter Arbeit, mit allerlei Ornamenten an den Seiten, der Ristdecke, den Riemenansätzen geschmückt; doch gab es auch Sandalen-Leder ohne Ristdecken. Das Anziehen und Zuschnüren der Schuhe besorgten reichen Frauen und Männern besondere Schuhmädchen und Schuhknechte. Von den im Norden viel gebrauchten *Schlittschuhen* sind wohl zu unterscheiden *Eisschuhe*, d. h. gewöhnliche Schuhe, unter deren Sohlen Eisenstacheln geschraubt wurden, wie sie in unseren Bergen heute noch gebraucht werden.

Der *Rock* (Kyrtil), eng anliegend, bald ärmellos, bald kurzärmelig bis an den Ellenbogen, bald langärmelig bis an den Handknöchel, war von Wolle, Tuch, gewöhnlich braun oder grau, im Winter von Pelz.

Zwei Gürtel sind zu unterscheiden: zunächst der *untere*, welcher die Bruch über den Hüften zusammenhielt. Trug man zur Sommerzeit im Hause nur die Skyrta, so hingen oder staken Schwert und Messer des Mannes an oder in diesem Hosengürtel. Diente dieser nur dem praktischen Zweck - er ward nicht gesehen, daher auch nicht geschmückt - so war der *obere* (sichtbare) Gürtel, der die Kyrtil umschloß, ein Zierstück, an welchem Reichthum, Geschmack und Schönheitssin sich gern voll und glänzend zeigten; zum Stoff wählte man feineres, sorgfältiger gefärbtes Leder, als für den Hosengürtel.

Der Ledergürtel war dann in ältester Zeit behängt oder besetzt mit symmetrisch gereihten Thierzähnen, Halbedelsteinen, Bernsteinperlen, später mit Gold- oder Silber-Zieraten; aber auch Metallgürtel von Bronze sind gefunden. Silber- und Goldgürtel werden als Prachtgürtel erwähnt. Manchmal gab man dem Obergürtel eine in der Mitte der Brust spitz emporsteigende Form, an beiden Seiten ausgerundet. Hieraus ist das „Mieder" entstanden, wie es baierische und almannische Bäuerinnen heute noch tragen; auch der reiche Schmuck des Mieders mit Schnurwerk, Gold- und Silber-Ketten, Münzen geht auf jenen alten Obergürtel und seine Verzierung zurück.

An dem Obergürtel trugen Frauen (auch Mädchen) die Schlüssel, erstere als Symbole der „Schlüsselgewalt", d. h. des Rechtes, den Hausstand zu verwalten. Auch Scheere, Messer, Geldbeutel, ein

Täschchen für allerlei kleines Geräth (von Leder, Leinewand oder Wolltuch) trug man am Gürtel.

Uebrigens fehlte es dieser Tracht durchaus nicht an Mannigfaltigkeit. Ueber den ganzen Anzug von Skyrta und Kyrtil warf man im Winter auf Land- und Seereisen noch verschiedenartige (man zählt mehr als zehn Namen und Formen) Pelz-, Wadmal- oder Tuch-Mäntel, ärmellos, auf den Schultern durch Spangen befestigt, an den Enden mit Borten besetzt, bis über die Hüften reichend oder auch in eine lange Schleppe auslaufend. Wurde schon der gewöhnliche Mantel bei Unwetter über dem Haupte zusammengeschlagen, so gab es noch Kapuzenmäntel aus Loden, welche, die ganze Gestalt bis an die Sohlen verhüllend, eben in einer spitzen Kapuze endeten und sogar zur Bedeckung des Gesichtes eine Larve von starkem, steifem Tuch enthielten, lediglich für die Augen Oeffnung bietend, an Stirn, Hals, Wangen und Seiten fest genäht und geknöpft. Solche Vermummung trug man nicht nur bei winterlicher Fahrt, sondern auch als Flüchtling, Verbannter, Späher oder geheimer Bote.

Die *Handschuhe* von Hirschleder oder Tuch hatten anfangs nur einen Däumling und erhielten die vier anderen Fingerlinge erst später.

Als *Kopfbedeckung* diente ein Linnentuch, vornehme Frauen trugen einen hohen, aus mehreren glänzend weißen Tüchtern hergestellten Aufsatz, „Faldr", gefaltet, turbanähnlich oder auch nach oben gebogen, hornähnlich, wie in Deutschland im späten Mittelalter. Die Haube, ursprünglich wie die Spindel ein Symbol des Weibes, ward später auch von Männern getragen. Man trieb reichen Luxus in der Feinheit der Stoffe von Leinwand und Edelpelzen (Bärenhauben, Graufell).

Zum Schlusse ein Wort über *Tracht und Farbe des Haares*. Bei den Sueben trugen Frauen und Männer das Haar zurückgekämmt und auf dem Wirbel in einem Knoten zusammengebunden, der den

Schweifbüschel über den Rücken herabfallen ließ. Das lang wallende Haupthaar galt bei beiden Geschlechtern als Zeichen der Freiheit und der Ehre. Der Verknechtete, der Verbrecher, das Weib, das ihre Ehre eingebüßt, wurden geschoren. Eine Ehrenstrafe und zugleich sehr schmerzende Strafe, dem Brandmal gleich und wie dieses zugleich vor dem Gekennzeichneten warnend, war das „turpiter decalvari" bei Westgothen und Vandalen, wobei die obere Stirnhaut sammt den darauf stehenden Haaren nach einem Einschnitt herausgerissen ward.

Langes, volles, wallendes, gelocktes Haar galt als hohe Zier für Männer wie für Frauen. Die am meisten geschätzte blonde oder auch rothe Farbe ward durch beizende Salben gesteigert; im vierten Jahrhundert werden heerende Alamannen an der Mosel gelagert, überfallen, während sie zechen, baden, ihr langes Haar strählen und salben. Braun wurden Gothen und Langobarden geschildert, einer Folge ihrer Vermischung mit Italienern und Spaniern. Sigrid von Niederland als Fremdling, ist nicht blond, sondern braun (und doch ist auch er Germane, ja ursprünglich Baldur, also doch wohl blond). Schwarzes Haar, als volksfremd und finster, als feindlichen Sinn drohend, galt für häßlich. Die Männer trugen das Haar lang, manchmal bis über die Schulter wallend, aber nicht gelockt, was für weiblich angesehen wurde. Bei Schilderung eines schönen Weibes wird nie das lange weiche Haar vergessen.

„*Kraka* war aller Mädchen schönstes. Ihre Flechten reichten bis auf die Erde; sie waren weich und glänzend, wie schimmernde Seide." „*Hallgard*, die hochgewachsene, vermochte sich ganz in ihre Locken einzuhüllen." Auch eine nordische Isolde wird erwähnt, die durch ein einziges Haar in weiter Ferne Liebe erweckte: Ingigerd, des Königs Hreggid Tochter, die sich ganz in ihre Locken hüllen konnte, welche wie Gold oder Stroh glänzten. Da sitzt einmal Jarl Thorgnyr von Jütland auf dem Hügel, in dem seine Frau bestattet liegt, und eine Schwalbe fliegt über ihn weg. Sie läßt ein Seidenknäulchen fallen, worin ein einziges Menschenhaar steckt, lang, wie ein Mann hoch, und von eitel Goldglanz. Entzückt schwört der Jarl, er müsse die gewinnen, der dieses Haar gehöre, und sein Rath Biörn erräth sogleich, daß es Ingigerd Hreggid's Tochter sei.

Jungfrauen tragen das Haar lose und fliegend, während es Bräuten in ein zopfartiges Geflecht gelegt ward; die Verheiratheten bedeckten den Kopf mit Tuch, Schleier oder Haube. –

Das Wesentliche war nun aber die *hohe ideale Würdigung* des Weibes in der gesammten Lebensanschauung der Männer: daraus allein erklärt sich, daß das germanische Weib in den rauhen, ja zum Theil rohen Zuständen der Vorkultur eine so günstige, ja ehrenvolle Stellung einnahm, wie etwa bei viel höherer Civilisation die römische Matrone, und eine viel würdigere, als die hellenischen Hausfrauen zur Zeit der höchsten Kulturblüthe Athens.

Richtig hat der große Römer, welcher die Urzustände unseres Volks geschildert, die tiefe Bedeutung einer Haupttugend der Germanen erkannt: ihrer Keuschheit, der edeln Reinheit im Verhältnis der Geschlechter. Diese Tugend bewirkte, daß die beiden Gatten in die spät geschlossenen Ehen mit gleich reiner Vergangenheit eintraten, und daß diese Ehen mit einer Kinderzahl gesegnet waren, welche dem gerade in diesen Dingen tief gesunkenen Rom mit vollem Rechte Grauen einflößte. Während kaiserliche Gesetze schon unter Augustus durch allerlei Vermögensvortheile und Vermögensnachtheile die Ehescheu und die Kinderlosigkeit der Römer zu überwinden sich ohne Erfolg bemühten, erwuchsen aus den Ehen des gesunden, einfachen Waldvolkes so zahlreiche Kinder, daß all' die furchtbaren Lücken, welche das römische Schwert und durch Verpflanzung, Kolonisation, Solddienst die römische Politik in die Reihen der germanischen Heere riß, alsbald nicht nur immer wieder ausgefüllt waren – daß vielmehr die stetig zunehmende Bevölkerung der Germanen zuletzt allen Widerstand der Legionen überwältigen und überfluthen mußte.

Mit dieser Keuschheit in tiefstem Zusammenhang steht die hohe, ideale Würdigung des Weibes: „etwas Heiliges und Weissagungsvolles erblicken sie in dem Weibe" sagt Tacitus; sie hören auf ihren Rath, auf ihre Warnung. Näher als die rauhren Männer stehen die Frauen den Göttern, leichter ahnen sie deren Willen und Zukunftsbestimmung. Daher gab es nicht nur neben Priestern Priesterinnen, sondern Zukunft kundige Frauen, die nicht Priesterinnen waren oder doch nicht sein mußten, übten großen Einfluß auch auf die Leitung des Staates, der Kriege mit Rom: so jene Jungfrau *Belleda* im Lande der Brukterer, welche, auf hohem Thurm einsam lebend, den Willen der Götter erkundete und ihrem Volk verkündete: Sieg hatte sie verheißen und Sieg war geschehen, und zum Lohne führte man ihr den gefangenen römischen Feldherrn zu.

Dieser hohen Werthhaltung der Ehre ihrer Frauen entsprechend glaubte man die Germanen zur Einhaltung von Verträgen am wirksamsten anzuhalten, wenn man sich edle Jungfrauen als Geiseln von ihnen geben ließ; diese vor Schmach zu wahren, enthielten sie sich sorgsam jeder Verletzung der vertragsmäßigen Verpflichtungen.

Aber um die Vorstellungen der Germanen von ihren Frauen und Mädchen zu erschöpfen, dürfen wir uns nicht blos in ihren irdischen Gehöften umsehen: wir müssen den Blick emporheben nach Walhall: denn wie alle Völker haben auch die Germanen ihre Götter und Göttinnen nach ihrem eigenen Bilde geschaffen; und wie Odhin und Thor und Baldur und Freir nur idealisirte germanische Männer und Jünglinge, so sind auch Frigg, Freia, Nanna, Gerdha, Sigün germanische Jungfrauen und Frauen, nur wenig idealisirt. Welche Fülle von Schönheit, Anmuth, Hoheit, Reine, Treue, Seelenkraft und Herzenstiefe ist aber in jenen Gestalten vereinigt. Uns Sage und Geschichte belegen diese Luftspiegelung des Weibes mit zahlreichen Beispielen menschlicher Bethätigung. Wie folgerichtig ist es, daß, da das Weib die Zukunft, das nahende Schicksal ahnungsvoller als der Mann erfaßt, die da das Schicksal weben und wirken, nicht Männer sind, sondern die ehrwürdigen *Nornen* (Schicksalsschwestern). Und jene Tapferkeit der germanischen Jungfrau, welche die Waffen nicht fürchtete und oft mit dem Geliebten in Kampf und Tod ging, findet ebenfalls ihren Ausdruck in Walhall: nicht Männer, nicht Herolde sind es, sondern herrliche Mädchen, die Schildjungfrauen Odhins, welche die „Walküren", d. h. die zum Tode bestimmten Helden bezeichnen, und wenn sie gefallen empor tragen zu Walhalls ewigen Freuden, welche sie, Odhins Wunschmädchen, mit dem *Einheriar* (Held in Walhall: wörtlich „Schreckenskämpfer") theilen. Höhere Verherrlichung des Weiblichen war germanischer Phantasie nicht denkbar.

Gegenüber einer sehr wenig erfreulichen Behandlung des Weibes in der modernen deutschen Literatur möge der Wunsch gestattet sein, daß die altgermanische Würdigung des Weibes unserem Volke nicht verloren gehe: denn diese bildet – so schließen wir, wie wir begonnen – einen Maßstab für den Charakter des Volkes und die Höhe, zumal aber für die Gesundheit seiner Kultur.